AF224112

LA DÉMOCRATIE

DEVANT

NAPOLÉON III

PARIS

LIBRAIRIE CENTRALE

BOULEVARD DES ITALIENS, 24

1865

LA DÉMOCRATIE

DEVANT

NAPOLÉON III

Sire,

En m'adressant directement à Votre Majesté, je ne crois pas commettre un péché d'orgueil. Je vous ai choisi entre tous les hommes parce que la puissance souveraine dont vous êtes le dépositaire et le gardien s'impose impérieusement à ma pensée. Cette puissance étant un effet de la volonté populaire, je rends ainsi hommage à la nation tout entière. Qui mieux que vous, Sire, peut comprendre la gravité et l'étendue des principes démocratiques, dont vous vous êtes déclaré le champion et le défenseur?

Lorsqu'en montant sur le trône de France vous avez énergiquement déclaré que vous resteriez fidèle à l'esprit et aux conquêtes sociales qui datent de 89, malgré ma petitesse et mon obscurité, je ne puis que me rassurer et m'enhardir, quels que soient l'éclat qui vous environne et la grandeur que vous avez su donner à votre règne. Il est un ordre d'idées, de sentiments et de doctrines qui rapprochent forcément les hommes en les rendant égaux. Vous n'avez pas oublié l'exil que vous subîtes, ni la retraite qui vous fut imposée; dès lors, vous savez ce qu'ont d'âcre et de cuisant les pensées qui ne se peuvent librement exprimer, et vous ne voulez condamner à cette torture aucun citoyen de la France régénérée. Je dirai plus. Vos paroles et vos actes sont empreints d'un esprit de liberté qui appelle la confiance en même temps qu'il indique la clémence dont vous voulez toujours user.

Pour mon compte, je n'avais pas besoin de la déclaration inattendue de votre Ministre de l'instruction publique pour connaître l'amplitude de l'amour que vous professez pour la liberté. Le chef suprême d'une nation démocratique ne peut et ne doit être que la plus haute expression de l'âme, à la fois une et multiple, qui anime ses sujets.

Dégagé de tout antécédent, libre de tout engagement, ne connaissant de la vie sociale que ce qu'elle a de grand et de sublime dans ses principes sacrés, je ne serai pas accusé de sacrifier la vérité à mes intérêts lorsque ma faible voix essaye de s'élever jusqu'au sommet que vous occupez. Du reste, mon but n'est point de me livrer à la flatterie, cette faiblesse des natures dont la grandeur se mesure aux seuls avantages de ce monde. Vous-même, Sire, seriez le premier à la repousser comme indigne d'un prince dont l'intelligence et les lumières sont universellement proclamées. Que vous dirai-je donc ?

— Sire, lorsque l'âge exposera votre main à tenir moins ferme le sceptre de la France, et que vous jetterez un long et paisible regard sur votre passé, l'œuvre de votre règne, je veux, de ma volonté de paisible sujet, que le doute ou le regret ne vienne point vous troubler. Une mission vous fut confiée par la Providence, et votre fidélité au mandat qui vous a été remis peut seule assurer un paisible et brillant crépuscule à vos jours de grandeur et de puissance.

Tout en restant fidèle à la fermeté qui est le propre des convictions profondes et vivaces, j'estime assez saint Paul pour ne pas oublier qu'il nous recommande le respect aux autorités établies, mais aussi je sais que cette parole vient de lui :

« J'ai cru, c'est pourquoi j'ai parlé. »

I

Il y a bientôt quatre-vingts ans que nos pères proclamèrent la liberté. Depuis lors la France est une nation démocratique. Ses lois, ses institutions, sa morale publique, sont empreintes de cet esprit nouveau dont aucune volonté humaine ne peut arrêter le cours. Partout éclate la vie ; partout a lieu, mais plus terrible que jamais, l'éternelle lutte entre la lumière et les ténèbres. Les ténèbres sont vaincues. Chaque fois qu'une nouvelle vérité éclate et brille, elles doivent reculer sur elles-mêmes en proférant le cri de la détresse. La science, agrandissant chaque jour son domaine, semble s'armer du glaive de la justice pour frapper et punir tout ce qui s'oppose à sa marche triomphante. Aux temps de barbarie, d'esclavage, de vol et de meurtre, personnifiée en l'esprit du mal, elle subit patiemment les injures et les outrages de ses adversaires ; mais maintenant émancipée, solennellement relevée de son état de servage, elle domine, impose ses justes et inflexibles lois.

L'autorité n'est plus une abstraction éclose au sein de la rêverie, l'effet d'une faveur spéciale émanant directement du ciel, et se refusant à l'analyse.

Le suffrage universel, produit direct et consécration nécessaire de la liberté proclamée, est devenu le dispensateur souverain du pouvoir et du gouvernement. Vous connaissez, Sire, sa valeur effective, puisque c'est à lui que vous eûtes recours, lorsqu'après la Révolution de Février, qui l'a établi sur des fondements de granit, vous fîtes appel à la liberté des hommes, et que votre nom sortit victorieux de l'urne électorale. Vous l'avez compris, la liberté et le suffrage universel, puissances indivisibles, sont les agents naturels et les garants indispensables de toute vraie démocratie.

Je pourrais appeler à mon service les arguments de la raison et de la philosophie pour vous faire envisager la liberté et le suffrage universel au point de vue du droit, de la morale et de la vertu humaine ; mais un tel soin est inutile auprès d'un prince dont les moindres actions témoignent d'une constante pensée. Il y a longtemps, j'en suis persuadé, que vous vous êtes livré à toutes les spéculations capables de vous affermir en vos desseins et de vous rassurer devant votre conscience.

Si vous n'aviez eu de si nobles motifs, vous eussiez pu, à la rigueur, vous dispenser de cette étude; car, en dehors du progrès accompli, le temps seul est une éloquente justification. Quelle folie serait assez hardie pour oser prétendre que, depuis le serment du Jeu de paume jusqu'à nos jours, le pays n'a vécu que d'illusions, d'utopies, de mensonges et de crimes? Durant un si long temps une nation peut-elle jeter volontairement aux quatre vents des cieux son intelligence, sa force, son salut, sa mission providentielle ? Non. Certains esprits, victimes de préjugés ou d'impostures, prétendent que la France est indigne de la liberté, c'est-à-dire incapable de la pratiquer sagement dans toute l'étendue de ses attributions. Or cette assertion est grandement erronée ; et si nos pères de 89 pouvaient se réveiller du sommeil de la mort, ils quitteraient leurs tombeaux pour venir protester en faveur de ceux qui, outragés momentanément dans leur foi et leur volonté nationale, ont successivement envoyé trois monarques pleurer leurs fautes chez les nations étrangères.

Ayez confiance, Sire, la France a une volonté que rien ne peut réduire. Elle veut profiter des enseignements du passé. L'esprit public de nouveau réveillé fera la confusion sur la face de nos ennemis ; et déjà j'entends comme venir une voix du ciel, qui dit : « La démocratie triomphe ! »

II

La Révolution n'est pas justifiée aux yeux de tous ; ou, du moins, des haines mal apaisées, des intérêts compromis, des orgueils froissés, font entendre leurs voix discordantes au sein du concert formé par la roture émancipée. Des écrivains, artisans de mensonge, prêtent leur plume vénale ou ignorante à des revendications stupides et à des prétentions plus que moquables. Par eux, l'Histoire, cette source inépuisable de faits et d'enseignements, est torturée, mutilée, dans l'intention de lui faire rendre des arrêts que le bon sens réprouve. Si la thèse que j'ai l'honneur de développer devant Votre Majesté ne m'imposait l'obligation d'y recourir en une manière générale, je ne vous en eusse point parlé. Mais vous connaîtrez les sentiments que je professe envers elle lorsque j'aurai répondu à cette question.

Qu'est-ce que l'Histoire ?

L'Histoire est le livre des nations, la Bible de l'humanité. De même que Dieu dicta à Moïse les tables de la loi, de même c'est le génie, le génie ayant sa source en Dieu, qui a seul autorité pour constater la marche et les progrès du genre humain. Les lévites de Clio sont oints d'une huile sacrée qui en fait des êtres supérieurs au reste des hommes ; le temple sur les murs duquel ils gravent des caractères ineffaçables n'est ouvert au profane vulgaire que pour qu'il y puisse lire les leçons destinées à purifier son âme en lui inspirant l'amour du grand et du juste. Là se voient tous les siècles passés avec leur évidente mission, leur auréole de gloire, les stigmates de leurs vices, leurs œuvres bénies et leurs taches de sang humain. Là se déroulent en une ligne sombre les maux et les tortures infligés par l'odieuse tyrannie ; plus haut s'aperçoivent, dans un plan en relief, les efforts et les travaux sans nombre opérés en vue du progrès, qui est le destin de l'homme ; plus haut encore, en pleine lumière, les emblèmes de la liberté et de la science, servant de piédestal à Thémis glorifiée et triomphante, forment le ciel de ce lieu trois fois saint.

Que viennent donc faire en ce sanctuaire l'ignorance, le préjugé et la bassesse qui s'obstinent en la voie du mal, leur seul chemin? Hélas! ainsi que les téméraires qui osaient sonder les mystères sacrés d'Égypte, ils tomberont frappés de mort. Arrière donc, goîtreux de toute nation! Arrière, crétins de toute montagne et de toute vallée! Arrière, thuriféraires feuillistes de l'absolutisme, qui ne savez point voir que l'homme est marqué au front du sceau de la liberté!

III

Une révolution sociale étant invariablement le résultat forcé d'un ordre de choses condamné à disparaître, nul n'est tenu de la justifier. Procédant de la justice, qui est l'absolu dans le droit, le blâme ne peut l'atteindre. Tel est, j'ose dire, l'axiome qui s'impose à toute intelligence honnête, à tout esprit qui n'est point faussé par l'habitude du paradoxe ou un sentimentalisme outré. Mais cette vérité incontestable ne concerne que le fait et ne nous dit rien des motifs ni des moyens.

Oui, Sire, Montesquieu, le législateur philosophe, M. de Voltaire, Rousseau le plébéien, et toute la pléiade des subtiles encyclopédistes, ont préparé la Révolution de 89. Ils l'ont préparée, ils y ont par avance concouru, mais ne l'ont point faite. L'amour de la justice et celui de l'humanité sont de puissants leviers, mais il leur faut un appui. Cet appui, ils l'ont trouvé, d'un côté, dans la navrante misère du peuple ; de l'autre, dans son droit à l'émancipation. Lorsque j'interroge les annales de notre pays, lorsque je demande à mes pères quel fut leur sort, pour toute réponse ils me montrent des visages affamés et des membres meurtris ; ils font résonner à mon oreille le bruit sinistre de leurs chaînes ; ils me parlent de persécutions, de guerres sanglantes, d'âpres labeurs sans récompense ; puis succède le silence qui cherche à imposer l'oubli. Voilà, Sire, la cause première, la grande cause de la commotion sociale dont aujourd'hui nous ressentons les heureux effets.

Lorsque Sieyès eut demandé que le Tiers-État devînt quelque chose dans l'ordre politique, une lutte, sourde d'abord, s'engagea. Chaque ordre dans la nation s'observa et supputa ses forces ; tout individu, aussi grand ou aussi infime qu'il fût, prit les précautions de l'athlète qui doit se précipiter dans l'arène pour lutter corps à corps avec son adversaire.

Bientôt, à la suite de refus obstinés de la part des forts, les faibles se groupèrent, firent entre eux un formidable pacte d'amitié ; puis, précédés de leurs chefs hardis, décidés, instruits, élevés la plupart à l'école de l'adversité, montèrent, montèrent, comme le flot de l'Océan, et brisèrent tout ce qui sur leur passage essayait de leur faire obstacle. Alors on entendit partout ce cri lugubre retentir comme la voix d'un oiseau de nuit, d'un messager farouche : « Tue ! tue ! » — Le prince du Nord fit alliance avec le prince son voisin. Toutes les têtes couronnées furent troublées, épouvantées. Les puissants potentats se sentirent menacés, se virent renversés. Mais, revenus de leur première frayeur, ils se liguèrent pour ramener à la raison des malheureux assez hardis pour réclamer leurs droits et briser leurs chaînes. Ceux-ci ne s'en émurent point. Le jour de la justice avait lui, et chacun devait rendre compte de ses actions. Sire, j'insiste sur ce mot, ils engagèrent un *duel à mort*

Sans doute il y eut des excès, car il n'en pouvait être autrement. Mais qui doit-on en rendre responsable, sinon ceux qui avaient lentement, cruellement amoncelé l'orage ? Encore qu'on leur eût offert la paix ou l'épée, ils choisirent follement l'épée, et voilà pourquoi il y eut choc.

Les opprimés se plaignaient de la pesanteur du boulet qu'on leur avait mis au pied, et on voulait en augmenter le volume ; ils disaient que les liens qui les retenaient captifs étaient trop rudement serrés, et l'on cherchait à appuyer sur le nœud coulant ; ils se plaignaient de la faim à laquelle on les condamnait, et on se demandait le moyen de diminuer leur chétive ration ; ils suppliaient qu'on fît cesser le système de tracasseries par lequel tout repos leur était enlevé, et on leur enfonçait des épingles dans les chairs ; blessés, ils demandaient qu'on les laissât, et on retournait le dard dans la plaie. Bref, on les exaspéra, on les rendit fous de douleur. Si donc dans leur démence ils commirent des actions brutales, c'est aux gardes-chiourmes qu'il faut s'en prendre.

Je n'élèverai pas un piédestal à Robespierre, je ne dirai pas la louange de Marat, je ne ferai pas l'apothéose de Danton, et cependant... que ne le puis-je dire ! cependant je ne puis oublier qu'eux et leurs compagnons eurent le courage de leurs opinions ;

Qu'ils marchèrent à l'ennemi la poitrine découverte ;

Que, le front haut, ils discutèrent publiquement les intérêts de leur pays ;

Qu'ils s'enquirent franchement des besoins de tous ;

Qu'ils travaillèrent sans relâche à l'amélioration des classes laborieuses ;

Que dans leurs actes se manifeste toujours cette pensée, que l'oubli et le mépris des droits naturels de l'homme sont les seules causes des malheurs du monde.

Je le sais, Sire, ils furent engloutis par le torrent dont ils avaient activé le cours. Ainsi le hardi aéronaute qui s'élève dans les airs pour avancer la science et doter la terre d'une découverte féconde en prospérité périt victime de son dévouement.

Que le fléau soit un instrument qui puisse briser le crâne, il n'en sert pas moins à battre le blé, ce don divin.

Que l'œuvre tue l'ouvrier, elle n'en est pas moins sublime. D'autres y travailleront avec plus de soin et d'adresse.

Sire, nous avons tous horreur du crime, et s'il fut commis sciemment, froidement, qu'il retombe tout entier sur ses auteurs; mais, hommes de ce siècle, enfants de la Révolution, nous ne pouvons renier cette dernière, qui nous a enfantés à la liberté.

Par son avénement, la Révolution a créé un peuple en lui révélant son intelligence et sa force. Avant elle, sauf quelques rares palpitations, quelques mouvements nerveux à peu près imperceptibles, il semblait dormir d'un sommeil de plomb ; avec elle, il s'est réveillé de cette profonde, pénible léthargie ; après elle, quoique encore avec elle, toujours avec elle, il vit, pense, agit, et, en même temps que sentinelle de l'avenir, il demeure le gardien de tout ce qui est grand, juste et saint.

« La brute, se dit-il, vaut ce qu'elle vaut, mais moi je suis peuple. »

IV

« Les nouvelles doctrines, dit Machiavel, sont difficiles du commen-
cement, mais, aussitôt qu'elles ont pris pied, elles ne se peuvent déra-
ciner. »

Bien que ce grand politique ait formulé cette maxime en l'honneur
de ses doctrines dépravées, je l'accepte pour l'appliquer à celles de la
Démocratie. Elle est tout un enseignement qui s'adresse aux ennemis
de l'esprit nouveau. Dans leur aveuglement, ils se flattent que, la puissance populaire étant une usurpation, sa fin sera marquée par un
prochain avortement. Ils se refusent à considérer ce qui se passe autour d'eux, c'est-à-dire la marche, parfois lente sans doute, mais
toujours progressive, de la société régénérée. Que ce soit ou non leur
sincère opinion, ils regardent comme factice ou éphémère cette palin-
génésie scellée d'un sang généreux et des plus grandes actions. Les
prophètes de cette secte incrédule, et surtout intéressée, rendent des
oracles qui la font se pâmer d'aise. Mais d'où vient que l'eau du
Jourdain de la civilisation nouvelle suit toujours son cours naturel et
que pas un d'eux ne la force à refluer sur elle-même et à rentrer en sa
source ? Un secret instinct leur dit que pour nous l'honneur et la vie
sont engagés, et que, quoi qu'il arrive, nous ne pouvons nous dessaisir
de nos conquêtes. Aidés de tous les vieux pouvoirs qui nous mena-
cent, se groupant pour faire nombre et cacher les vides qui les accablent, ils tentent de nous effrayer en nous répétant sans cesse que nous
périssons ; mais, loin d'en être ébranlés, nous devenons toujours plus
hardis. Ils nous montrent l'abîme, ils nous disent qu'il est sous nos
pieds, et, à part quelques heurts insignifiants causés par les cailloux
d'un chemin pour la première fois parcouru, nous nous tenons droits
et fermes. La liberté, plus éloquente que ses détracteurs, répond en
montrant son œuvre, qui est une civilisation toute nouvelle, un peuple
renouvelant l'esprit, utilisant la matière, rendant également la justice

à tous, recherchant sans cesse les éléments constitutifs du bonheur, et, à mesure qu'il les découvre, les écrivant dans son code afin d'en assurer la durée. Ses ennemis rient? Tant mieux. Ils l'accusent de ne pouvoir s'organiser sur des bases solides? Tant mieux. Ils lui jettent à la face vingt systèmes sociaux entachés de discrédit? Tant mieux. Un jour leur raillerie et leur colère se changeront en trouble. Ils apprendront que tout ce que la Démocratie n'a point planté doit forcément être déraciné. Alors, leur yeux étant dessillés, ils comprendront que tant d'efforts tentés, tant de génie versé à flots, sont les signes non équivoques d'une époque essentiellement virile. Ainsi, qu'ils écument ou qu'ils pleurent, qu'ils nous accablent d'injures ou qu'ils nous supplient, nous sommes décidés à continuer notre œuvre. Dieu s'est retiré d'eux pour se donner à nous; ils nous a élus pour être les gardiens de sa loi. A nous le sacerdoce, à eux les blasphèmes; à nous l'avenir et ses espérances, à eux le passé et ses turpitudes!

V

A tout peuple il faut une religion.

Et nos ennemis ajoutent : « Où est votre Dieu? où sont les oracles sacrés qui vous servent de lumière et de guide? Montrez-nous la révélation d'en haut qui contient les lois et indique la nature de notre futur destin; dites-nous quels sont les mystères que vous annoncez au peuple afin de conserver son respect en le maintenant dans la crainte. De tradition religieuse, vous n'en avez point; d'organisation sacerdotale, vous n'en possédez point. C'est en Horeb que Dieu se révèle, et vous n'avez pour montagne sainte qu'un sanglant souvenir de la Terreur. Vous avez saccagé nos temples, renversé nos autels, mutilé tous les pieux souvenirs. Par vous Israël fut mis en fuite, la désolation accabla le troupeau du Seigneur, et l'abomination usurpa la place de Jéhovah. Vos doctrines sacriléges, aidées de vos mains profanes, ont fait un désert; et maintenant vous gémissez à l'aspect de la stérilité qui vous environne. C'est en vain que vous essayez de vous soustraire aux antiques traditions, aux rites à jamais consacrés par l'attachement invincible et l'inaltérable piété de vos ancêtres. Qui êtes-vous et d'où venez-vous, fils de perdition? Pour nous parlent les siècles, pour nous témoignent hautement des milliers de générations consolées et soutenues par les bienfaits d'une religion trois fois auguste, dont le Christ a confié le dépôt à une succession non interrompue d'habiles et vénérables pontifes. Rentrez, rentrez au bercail, brebis égarées; lavez vos mains pour en enlever le sang qui les souille; déchirez votre code, livre d'enfer auquel Satan a coopéré; reniez les criminelles doctrines qui vous furent apportées par un vent de colère et de haine; renversez vos institutions, travail d'un jour, fait de boue et de crachat; détestez ceux qui vous ont entraînés à la rébellion; haïssez tout ce que vous croyez et pratiquez; ou bien, allez! vous n'êtes que des impies! »

Voilà, Sire, le cri qui sans cesse retentit à nos oreilles. Il s'explique par le fait de la liberté, qui a tout changé ; et plus loin j'essayerai d'exposer devant Votre Majesté la nouvelle condition morale et religieuse qu'elle a faite aux hommes.

Rien de plus vrai, à tout peuple il faut une religion, car il est des principes supérieurs qui servent comme d'assises et de pivot à toute société qui n'est point destinée à une fin misérable. Qu'est l'irréligion, sinon un ver rongeur, un germe de mort et de dissolution ? A défaut d'une longue et sûre expérience, la simple raison nous en dit les effets. Lorsqu'elle pénètre en nos cœurs et que nous l'y accueillons, mille prostitutions s'ensuivent, auxquelles succède l'atrophie au sein du vice. Sollicités par la puissante voix du mal, nous y cédons si un frein plus puissant ne vient nous retenir. Naturellement portés à chevaucher l'abîme, bientôt nous en considérons froidement la profondeur, l'immensité, les sombres détours ; puis, poussés comme par une invisible main, nous nous y engloutissons sans espérance ni désir de retour. Le hasard, configuration prosaïque et effrayant symbole de l'aveugle dérèglement, de l'anarchie de principe, est le seul Dieu que nous invoquons... Que faut-il pour éviter un sort si funeste ? — Un idéal placé en haut lieu et vers lequel nous nous acheminions d'un pas ferme et assuré.

C'est donc un grand bonheur pour moi de constater qu'en aucun temps les aspirations ne furent plus élevées, les hommes plus disposés au bien, la religion plus épurée, le devoir mieux compris. Toutes les questions qui intéressent le développement de la dignité et de l'intelligence humaines, l'accroissement du bien-être matériel et le triomphe complet de la liberté, sont posées, traitées et résolues avec un succès augure de temps plus heureux encore. Dieu est surtout visible en son œuvre, et c'est là que nous le cherchons ; il est essentiellement présent en l'humanité, et nous croyons faire œuvre pie en allégeant les maux, en proclamant le droit.

Le brillant et solide publiciste de Saverne, frappé d'une phase importante du progrès, a réhabilité la matière, qui, auprès de quelques esprits abusés, était encore l'objet d'une sorte de réprobation.

Un apôtre incorruptible de la liberté, dans une suite d'ouvrages burinés par le génie, nous expose les doctrines qui doivent agrandir et consolider l'édifice social. Ses travaux, qui se succèdent avec une surprenante rapidité, viennent confirmer sa parole, qui rappelle la grande âme de Caton.

Une femme, juste orgueil de son sexe, une femme que le monde nous envie, continue à se faire l'interprète des grands sentiments, des nobles passions appliquées à l'exercice de la vie, et nous lègue d'impérissables écrits.

L'aigle blessé qui maintenant habite le rocher de Jersey nous dépeint les sites qu'il découvre durant son vol hardi et majestueux à travers les plaines de l'infini ; et, bien que nous ne le voyions point, sa voix mâle et pénétrante arrive jusqu'à nous.

Des erreurs, produit du temps, de l'intérêt ou de l'inintelligence, couvraient de leur ombre la resplendissante figure du Christ, et un écrivain, homme savant, à la plume classique, les a effacées pour nous rendre dans toute sa pureté primitive Jésus de Nazareth, fils de Marie.

En autres termes, Sire, l'amour de la vérité et celui des hommes, vivantes images de Dieu, étant le trait caractéristique de la seule et grande religion, cette religion est celle qui domine et s'impose en l'époque où vous avez la gloire de régner. Voyons maintenant quelle est celle des ennemis de la Démocratie.

VI

Parfois se voit au sommet d'une montagne un chêne puissant, battu par tous les vents d'orage, résister aux efforts des plus furieuses tempêtes. Il rit du courroux de ses ennenis : il connaît sa force ; il a sondé la profondeur de ses racines, contemplé avec orgueil son tronc noueux, compté ses bras nombreux. De son ombre immense il couvre des milliers d'arbres de toute futaie, qu'il considère comme ses sujets. Au prix de leur obéissance, il leur accorde des faveurs et l'impunité ; il les protége aux jours de confusion et de trouble. De son front superbe couronné par les ans, il domine la plaine où se répandent les royaumes et les cités. Par son attitude altière, il les provoque, il les insulte, il les abreuve d'outrages. Et pourtant il ne craint point la cognée, car il est vénéré des peuples, à qui, de sa voix fatidique, il rend de mensongers oracles.

Sans doute la papauté a de glorieuses origines, et ses zélés défenseurs n'oublient point de se livrer aux dithyrambes les plus enthousiastes lorsque le moindre événement leur permet de les dérouler sous nos yeux. Aussi, afin de leur montrer l'esprit qui m'anime, et peutêtre pour fournir à l'instruction de quelques-uns d'entre eux, je rappellerai ici avec une brièveté imposée par le respect dû à Votre Majesté :

Qu'au VIᵉ siècle, Grégoire le Grand demandait, comme dans le psalmiste, « un sacrifice volontaire », et ne voulait d'autre action sur ceux qui ne croyaient pas que « la douceur, la bonté, les avertissements, la persuasion, » et ne voyait « dans les menaces et la terreur qu'un moyen de les éloigner » ;

Que, sans attaquer formellement l'une des formes de la propriété à cette époque, le même pontife recommandait l'affranchissement des esclaves, en proclamant la liberté une *loi naturelle* : « *ab initio natura liberos protulit* »

Que plus tard, le saint-siége chercha à adoucir le servage en dé-
clarant avec Alexandre III « que tous les chrétiens doivent être exempts
de servitude » ;

Qu'enfin Clément IV professa « que la nature a fait libres tous les
hommes (*humanum genus omne libertate donavit*), et que la folie humaine a seule rendus inégaux ceux que Dieu avait faits égaux. »

Jusque-là le rôle de la papauté comme puissance morale et civilisa-
trice se dessine largement dans l'Histoire ; mais l'ambition la perdit.
Alors nous la voyons comme saisie de vertige et sous la puissance du
malin esprit. Loin de servir de guide aux peuples, elle combat leurs
aspirations généreuses, elle excommunie, elle fulmine.

Que lui avait fait le Roi-Galant-Homme lorsqu'aidé d'un guerrier
magnanime et de l'épée de la France, il rendit la liberté à la terre ita-
lique ? Rien. Cependant elle appela sur lui la malédiction d'en haut.
Il lui a, prétend-elle, ravi quelques grains de poussière... N'étaient-
ils donc pas le fruit de la spoliation ? Du reste, qu'elle essaye de les
reprendre, et ils se transformeront aussitôt en milliers de soldats ar-
més pour la défense.

Voilà comment se justifient les conquêtes.

Il me faut revenir en arrière, car le pontificat de Clément IV date
de l'an 1265, et, déjà au X⁰ siècle, c'est ainsi qu'elle priait pour l'hé-
rétique ou le pécheur impénitent :

« Qu'il soit MAUDIT dans toutes les cités, qu'il soit maudit dans les
« campagnes, que maudits soient avec lui ses enfants, ses troupeaux
« et ses domaines ; qu'aucun chrétien ne lui dise « mon frère » et ne
« lui rende le salut de paix ; qu'aucun lévite ne prie en son nom ; que
« les consolations ne viennent point à son lit de mort ; que ses en-
« trailles s'échappent de son sein entr'ouvert ; que son cadavre demeure
« sans sépulture ; que ses os blanchissent au vent du désert, sans que
« le pèlerin jette un peu de terre sur ses restes misérables ; que son
« nom soit en horreur parmi les races futures, ou plutôt que sa mé-
« moire soit abolie parmi les hommes, et que l'aurore d'une autre vie
« ne réjouisse jamais son fantôme ! »

Que répondre à ces sauvages accents où tout respire cette vengeance
qui appelle la terreur et l'épouvante autour de la victime ? Pour moi,
qui n'ai point l'éloquence de la haine, je m'y sens impuissant, et je

laisse, Sire, je laisse à votre cœur généreux le soin de réprouver ce chant de furie.

Je ne veux pas non plus rappeler le massacre des Albigeois : mes paroles sembleraient pâles auprès de celles de Guillaume Figuéras, qui vivait en un siècle reculé, le XIIIe, où rien ne tempérait les ardeurs de la pensée. Ce troubadour, sacré poëte par l'impérieux besoin d'exprimer la hideur des massacres qu'il a vus dans Béziers, communique ses impressions à ceux qu'il rencontre sur les chemins de la Lombardie, où il s'est réfugié :

« O Rome, telle est la grandeur de votre crime, que vous méprisez et Dieu et les saints !

« Rome fourbe et trompeuse, vous gouvernez si injustement qu'auprès de vous se cache toute ruse, toute mauvaise foi !

« Rome, vous avez une mauvaise tête, aussi bien que l'ordre des Citeaux, d'avoir commandé à Béziers une tuerie si effroyable. Sous les dehors d'un agneau, avec un regard simple et modeste, vous êtes au dedans un loup ravisseur et un serpent couronné ! »

VII

Mais je le comprends, vous pourriez, Sire, m'accuser de faire injure à votre esprit solide, et de ne m'être servi de votre grand nom que comme d'un indigne et vulgaire moyen de réclame, si , au lieu d'aller au fond des graves questions dont j'ai l'insigne honneur d'entretenir Votre Majesté, je ne faisais que les effleurer ou simplement les indiquer. Qu'un semblable soupçon ne naisse point en vous ; daignez plutôt me suivre, et peut-être penserez-vous que j'ai tout au moins essayé de bâtir sur le tuf.

Là où il n'y a point de droit, il n'y a pas non plus de devoir. Si l'on enlève à l'homme son essence morale et ses facultés de même nature, on ne peut plus rien exiger de lui. Lorsqu'on l'annihile, il n'est plus obligé de produire, et, quoi qu'il arrive, il est irresponsable. L'ayant réduit à une existence essentiellement végétative, son âme n'est plus en possession que de vagues instincts, et elle demeure, pour ainsi parler, à l'état de continuelle inertie. C'est ainsi que l'homme, — qu'il me pardonne ma franchise, — peut descendre au niveau de la brute. Il n'est pas jusqu'au vieil Homère qui n'ait dit : « Lorsque Jupiter fait un homme esclave, il lui enlève la moitié de son âme. » Qu'au sein de cette inqualifiable métamorphose il se livre à des actes multiples, cela n'a rien d'étonnant, attendu que l'habitude, bien qu'aveugle et irréfléchie, est une puissance. Si je n'avais la crainte de l'exagération, j'avancerais que les dispositions musculaires du corps humain justifieraient au besoin, à elles seules, toute activité qui n'est point le résultat d'une volonté intelligente, libre, je veux dire en possession d'elle-même.

Qu'au contraire on restitue à l'homme toutes ses facultés morales, qu'on lui permette de les exercer et de les développer par un travail journalier, constant ; en autres termes, qu'on lui rende son cœur, sa pensée, son âme, il est alors permis de tout attendre, sinon de tout exiger de lui. Aussitôt qu'il est réintégré dans sa nature, son âme devient le foyer ardent de tous les sentiments qui bientôt se traduisent au dehors par des paroles et des actes, et chaque rayon qui s'en échappe constitue en quelque sorte une émanation partant du droit pour aboutir au devoir.

L'homme acquiert le droit en même temps que le souffle vivant. Toutes les parties constitutives de son être en sont si fortement imprégnées qu'il est impossible de les séparer de cet élément divin pour les soumettre à une analyse spéciale ou exclusive. Ainsi en est-il du soleil et de la lumière, du feu et de la chaleur, de la cause et de l'effet. L'homme est la cause, l'effet est le droit. L'homme naît, et son droit est constitué. Il ne serait pas moins extraordinaire et déraisonnable de considérer l'homme sans le droit que le prisme sans couleurs. L'homme est au droit ce que le droit est à l'homme, ou plutôt les deux ne sont qu'un.

Du droit naît le devoir ou l'obligation morale.

La liaison intime de ces deux éléments moraux se conçoit bien plus qu'elle ne s'explique. Cependant elle n'en est pas moins réelle et évidente.

En effet, nous ne pouvons subir d'obligations que celles que notre nature comporte et dicte : le rapport est à la fois relatif et absolu. Si j'ai le droit de parler, c'est que je dois user de la parole ; si j'ai le droit de faire le bien, c'est que je dois m'y livrer.

Cette théorie, je le sais, amène une sérieuse objection ; car de ce que j'ai, sinon le droit, du moins la faculté de faire le mal, s'ensuit-il que je doive forcément l'accomplir? Certes, telle n'est point ma pensée, attendu que du droit et du devoir naîtrait la fatalité indifféremment souillée de vices et décorée de vertus. Mais c'est ici que la liberté a essentiellement sa raison d'être, et vient au secours d'une économie morale qui sans elle serait incomplète et absurde. Le droit engendre le devoir pour ainsi dire à l'état latent; puis la liberté réalise, décide et effectue. Cette trinité agit et se complète par chacune de ses parties pour réaliser notre destinée, qui peut se définir ainsi :

« La vie et la mort se produisant dans le sein de Dieu et se succédant à elles-mêmes, pour accomplir la loi générale du progrès, qui est la grande loi de l'humanité. »

Mais c'est à la liberté, cette faculté la plus noble de toutes, que nous devons accorder les honneurs de notre train de vie.

O vertu sublime, force puissante, incompréhensible.... et pourtant manifeste, palpitante de vérité, que serions-nous sans toi? Hélas ! les jouets d'une odieuse fatalité, destinés à servir d'opprobre aux merveilles qui nous entourent, car elles avancent toutes harmonieusement vers un but marqué, et nous, pour qui elles sont faites, n'aurions point conscience de nous-mêmes et agirions fortuitement !

VIII

Si le droit engendre le devoir et que la liberté que j'appellerai naturelle ou individuelle règle ce dernier, j'affirme que la morale est rétablie en sa nature. Elle fut jadis définie la *science des mœurs*, mais je dirai plus explicitement qu'il nous faut la considérer comme la suprême loi présidant aux actes de notre raison appliquée aux notions du bien et du mal. Elle est une, indépendante et complétement constituée. Éternelle comme Dieu, dont elle est une effluve, je ne puis me résigner à la voir traiter en fille ou servante de la religion ou de la philosophie. Car enfin, Sire,

Qu'est-ce qu'une religion?

Toute religion est un ensemble de préceptes et de pratiques destinés à faire aimer et pratiquer la morale.

D'où il suit que la révélation directe et spéciale a toujours été un moyen de monopole au profit d'une nation, d'un ou de plusieurs hommes. Si les monopoleurs, en recourant à ce mode, ont eu en vue de faire rapporter à leurs semblables une plus grande somme de bien, leur intention milite en leur faveur ; si au contraire ils ont été guidés par les avantages que devait leur procurer le rôle d'interprètes divins, ils sont inexcusables ; et, pour notre compte, il en est qu'il nous faut rendre responsables d'un sang qui a profondément détrempé le sol européen. Bien qu'ils n'y soient point parvenus, ils ont, pour nous hébraïser, foulé aux pieds toutes les lois de la nature, voulant que le tempérament natif fît place à la contrainte.

La morale, absolue en son essence, devient chose relative, c'est-à-dire revêt des formes diverses toujours propres aux zones où elle établit son empire. Ainsi, le Judaïsme est aussi vrai que le Boudhisme, et celui-ci ne le cède en rien à l'Islamisme. Qui donc osera se lever du sein de la foule et dire : « Moi seul ai la vérité! »

La Terre de Diémen nous imposera-t-elle ses fétiches, et Jésus a-t-il inventé la morale ? Je l'aime, ce crucifié, ce « méprisé des nations », et pourtant je le dis à tous, il n'a fait que l'empreindre de sa douceur, de son aménité, de son onction, de la suave beauté de son âme. Si, selon une belle expression de M. Nefftzer, « le christianisme possède une flamme qui n'existe point ailleurs », on n'en peut donner une meilleure explication. Le Christ a communiqué au Décalogue un céleste parfum étranger aux Juifs primitifs, car l'Inde, sa source première, ne manque pas de fleurs ni de grâces.

La morale a toujours réuni les hommes. Les religions les ont toujours divisés.

En soi, la morale est immuable, mais les religions changent.

Pourquoi s'ingénier à trouver l'idole qui doit nous contraindre? Dieu, *idéal infini de toute perfection*, s'est depuis longtemps révélé à nous par la voix de nos consciences, et nous possédons les lois qui doivent nous régir. Elles ne sont point le résultat du caprice ni de l'arbitraire, celles-là qui sont écrites au Code civil. Au délinquant est opposé l'argousin reconnu utile et consenti par tous.

En ceci, je ne vois aucune promiscuïté de principes, car 89 a passé sur le monde. Or, 89 a socialisé toutes les vérités écrites au ciel et dans le cœur de l'homme.

Quant à la philosophie, qui n'est point non plus maîtresse de la morale, — permettez-moi, Sire, de vous le rappeler, — sa raison d'être est essentiellement l'investigation. Née de l'indépendance de l'esprit humain, elle ne relève que de la raison. Pour elle, la connaissance est démotique. C'est à sa barre que doivent comparaître les systèmes religieux et politiques. Lorsque, quittant Athènes et Rome, elle venait visiter nos contrées, des moines pieux la retinrent prisonnière dans leurs froides cellules: ainsi durant certain temps fut presque oubliée sa mémoire au dehors. Mais un fougueux dominicain d'Allemagne rompit ses chaînes, et avec elle agita son pays au XVIe siècle. Le bruit fut si grand que son écho ébranla la montagne vaticane, et que le monde s'en souvient encore. Puis, voulant s'affirmer davantage, elle se fit le défenseur d'un peuple opprimé, et dit à Rousseau:

« Fils d'un horloger, toi qu'on nomme Jean-Jacques, lève-toi ! Prouve aux grands que Dieu peut glorifier les humbles, donner à la pauvreté le génie, susciter des amis aux affligés, des défenseurs à la vérité. Que ta modestie feinte ou vraie ne s'effraye point ; que tes œuvres, empreintes du sceau de la sagesse et de la nature, te fassent connaitre. Elles t'assureront de nombreuses inimitiés, parfois la haine, mais que t'importe, puisque tu accomplis ta mission sacrée ? Si tu es en butte à la calomnie, va ; si tu dois lutter sans cesse pour démasquer l'hypocrisie, va ; si tu es la victime de tes opinions, va ; si tu es obligé de fuir sur une terre étrangère, va, va, ne crains rien ! Si Dieu est pour toi, qui sera contre toi ? Secoue la poussière de tes pieds contre l'infamie, mais écris ton *Contrat social*, et l'humanité sera vengée... »

La philosophie a dit encore :

« Toi, Arouet, continue ton œuvre. Toi, homme de génie, à la figure sardonique, esprit hardi, plein de finesse, de force et d'élégance, intelligence universelle, sublime, réunissant tous les dons de la nature, fais du théâtre le point d'appui de ta popularité ; fais-y entendre des maximes nombreuses, des sentences philosophiques, des allusions qui parfois trahiront la présence du poëte et troubleront l'illusion, mais aussi changeront la scène en tribune, et donneront un corps à toutes les idées nouvelles que la foule te prête et que tu lui renvoies transformées par l'éloquence. Et puisque tu dois être la personnification la plus saisissante de l'esprit français, puisque ta puissance intellectuelle semble n'avoir point de bornes, puisque ta plume est plus forte que l'épée, puisque tu es invincible dans la lutte, insaisissable dans la discussion ; puisque tes traits acérés blessent mortellement tes adversaires, puisque ta raillerie perd ceux qu'elle atteint, puisque tu provoques avec l'assurance de vaincre, puisque tu corresponds avec les souverains, qui croient en te flattant rendre leurs hommages à l'opinion publique par toi devenue la reine du monde, étends de plus en plus ta réputation qui déjà dépasse les bornes de l'Europe ; ajoute à ton influence par l'ascendant dont tu as le secret ; aie, puisque c'est ton faible, la passion du succès, mais que celle de l'humanité te dévore ! Que tes efforts et ton éloquence fassent réhabiliter l'infortunée famille de Calas, dont le chef innocent fut condamné au supplice de la roue par un tribunal fanatique. Sois indigné de toute injuste condamnation ; provoque l'affranchissement des serfs du mont Jura. Cette générosité sied à ta puissance. Seul, tu peux beaucoup ; mais tu n'es pas seul ! Tu t'appelles légion. Souviens-toi que tu es le chef des encyclopédistes, et que le nombre s'en accroît tous les jours. »

Vous le voyez, Sire, la philosophie et la morale ne sont ni ennemies, ni simplement rivales ; elles se fortifient mutuellement et s'interprètent l'une par l'autre. Ce sont elles qui, dans leur intime union, ont fait dire à Goëthe mourant : « De la lumière ! de la lumière ! encore plus de lumière ! »

IX

Je pourrais, Sire, tracer un complément de doctrine, mais ce n'est pas ici le lieu. Toutes les grandes vérités promulguées par la Révolution se trouvent sinon formulées, du moins en germe, dans les éléments qui précèdent. Je ne me fais pas non plus l'illusion de croire que je convertirai les ennemis de la Démocratie, bien que je leur porte un formel défi, celui de me réfuter en s'inspirant de la bonne foi. Ce sont gens que l'on confond, mais que l'on ne convainc jamais. Eh! qu'ai-je à faire de principes, de doctrines et de vérités, lorsque ma poitrine oppressée veut élever vers vous un cri suprême! Oui, c'est vers l'antique et auguste trône de Louis IX que mon regard se porte, et que ma voix se dirige. C'est à ce trône renouvelé et fortifié par les efforts et le sang de tout un peuple que s'adresse ma supplication. C'est à ce trône dont la puissance est invoquée par les nations opprimées que je veux dire ma douleur. C'est à ce trône enfin, le plus glorieux des trônes, que je crie : Justice! Justice encore! et justice pour tous!

Je l'ai dit. La Révolution a transformé la société; les générations qui lui ont succédé ont juré de rester fidèles à ses conquêtes; nous-mêmes avons fait ce serment à la face du ciel; et pourtant, que se passe-t-il? La France se compose de 40 millions d'âmes; mais quelques hommes, aidés d'un certain nombre de satellites et indirectement soutenus par un article de la Constitution actuelle que je respecte, — mais que, comme vous, Sire, et beaucoup de penseurs, je crois perfectible, — se targuent de leur force et nous jettent en opprobre l'impuissance momentanée où ils nous voient réduits. Vous connaîtrez, Sire, le secret de leur orgueil : ils ont le privilége de se réunir et d'enseigner, tandis qu'à cet égard pèse sur nous une loi d'exception.

Il est facile de comprendre que cet inappréciable avantage, résultant bien plus, je l'avoue, d'un manque de liberté d'une part que du favoritisme de l'autre, inspire de l'audace et donne de grandes espérances à ceux qui en peuvent user. Votre Majesté ne l'ignore pas, l'enseignement est de tous les moyens le plus puissant pour jeter une semence qui, en un temps donné, doit se développer et porter des fruits. Persuadés de cette vérité, les ennemis de la civilisation déjà ne se possèdent plus de joie, encore qu'ils aient appris à se contenir dans les élans de leur bonheur. Jamais ils ne furent si actifs, si ardents à former des projets et à s'en assurer l'exécution. Partout nous les rencontrons, et partout ils nous provoquent. Dans un prochain horizon ils voient renaître l'ancien ordre de choses ; ils s'encouragent et se stimulent pour faire refleurir l'obscurantisme ; par avance ils en palpent les bénéfices ; et c'est ainsi qu'ils redoublent d'exhortations auprès de ceux qu'ils appellent à les suivre. Le prêtre enseigne du haut de la chaire, il enseigne dans ses instructions spéciales appelées catéchismes, il enseigne au confessionnal, il enseigne dans les familles, il enseigne dans les réunions formées sous le nom patronymique de quelque saint, il enseigne dans tous nos établissements d'instruction publique, il enseigne dans le grand nombre d'écoles que son zéle, soutenu par des hommes pour la plupart ignorants, a ouvertes et où il attire une partie de la jeunesse de France ! Je ne parle point des séminaires ni des couvents, pépinières d'aides, d'égaux et de subalternes, où, pas plus que dans la vie du dehors, on ne sommeille à l'ombre des autels.

Nous savons que l'héritage que nous ont légué nos pères, ceux-là de 89, est impérissable, et cependant notre devoir étant de le conserver dans son intégrité tout en l'appropriant aux besoins nouveaux, nous nous demandons, non sans anxiété : « Quelles sont nos ressources ? » Or, à peine avons-nous quelques conférences publiques disséminées sur tout le territoire français ; et, sans une autorisation de M. le préfet de police, nous ne pouvons nous réunir au nombre de vingt !

Au début de votre règne, conseillé sans doute par vos sentiments de piété et incessamment sollicité par un zèle qui savait voiler ses intentions vraies à votre confiante sagesse, vous donnâtes quelques encouragements à ces hommes infatigables qui se font un mérite de mendier. Pensez-vous, Sire, qu'ils vous en aient aujourd'hui quelque reconnaissance ?

Je ne le nie point. Il y a dix ans, alors qu'on leur parlait de politique et de gouvernement, avec un dévot bon vouloir, un arbre généalogique de quelque authenticité eût pu être dressé en votre honneur ; vous étiez un passable successeur de Charlemagne, de Louis XIV et de Louis XVIII. Henri V, à qui, paraît-il, ses rentes suffisent, était maintenu dans ses terres, et pouvait attendre que la légitimité fût remise à la mode. Alors, Sire, il m'en souvient, un gros sourire accueillait votre nom. Mais depuis que l'Italie a revendiqué et conquis son autonomie, depuis que vous avez coopéré à cette revendication et à cette conquête, depuis que vous avez placé à la tête de l'instruction publique un homme qui eut le courage de rétablir l'enseignement de la philosophie et se recommande toujours davantage à la reconnaissance de ses concitoyens, depuis que vous avez signé la convention du 15 septembre, croyez-le, Sire, ils ont reçu l'ordre de ne vous point aimer. Leur succès premier, augure d'une autorité qui promettait de naître, ne fut pas d'assez longue durée ; et, bien qu'ils jouissent toujours d'une liberté que nous ne possédons pas, ils ne vous pardonnent point d'avoir arrêté en sa marche folle leur insatiable ambition. Souvent la société laïque fut leur dupe. Cependant ils ne lui permettent pas de leur opposer une expérience chèrement acquise. Je prendrai la liberté de rappeler à Votre Majesté le moyen qui servit au clergé pour pénétrer dans l'enseignement public supérieur. J'emprunte le fait historique au livre savant et spirituel de M. Lenient, la *Satire en France au Moyen Age*.

..... « Les Jacobins s'étaient introduits sans bruit dans l'Université. Celle-ci leur avait accordé d'abord une église au coin de la rue des Grès, ne demandant en échange que des prières et le droit de sépulture. Mais les bons pères, abusant de cet article, voulurent enterrer l'Université de son vivant. L'église devint école ; les prédicateurs se répandirent dans ce vieux Paris ergoteur et savant, habité par les étudiants, et vinrent poser leurs chaires en face des professeurs. A force de ruse et de talent, ils finirent par chasser ceux qui les avaient accueillis. »

Cette usurpation leur profite encore aujourd'hui, car je connais certaine académie où les professeurs d'histoire et de philosophie donnent des leçons de dogmatique à leur curé, et se montrent plus ultramontains que le pape. Ceux qui ne les aiment point sont peut-être les jouets d'une erreur dictée par leur ressentiment; mais ils prétendent que l'un de ces séminateurs de dévotion, homme de fortune, renonce volontairement à une vie de loisirs dans le seul but de ne pas abandonner sa chaire à quelque adepte de la Révolution.

Lorsque nous nous récrions contre de semblables abus, demandant que l'esprit de nos institutions soit respecté, on nous parle de liberté, et l'on essaye de retourner contre nous l'arme d'honneur qui nous fut remise par nos pères. Quelle pauvreté d'esprit et de cœur ! quelle mesquine et misérable tactique ! Le leur dirai-je? La liberté n'est point un droit à l'anachronisme ni une faculté accordée à la trahison. La liberté est une épée à deux tranchants, qui ennoblit ceux qui la comprennent et l'aiment, tandis qu'elle avilit ceux qui n'empruntent son nom que pour la trahir et l'étouffer.

De l'enseignement supérieur, je passe à nos lycées et nos écoles primaires. Dans les premiers, le prêtre a son domicile ; dans les secondes, ses entrées libres, réglementaires et légales. Il est chargé de pourvoir à l'instruction religieuse et morale de nos enfants. Est-ce croyable, Sire? Le prêtre s'inscrit en faux contre les idées nouvelles ; il fait une guerre ouverte à toutes les innovations qui nous sont chères ; il condamne hautement nos aspirations ; il réprouve notre vie tout entière, et c'est lui qui doit dire à mon fils : « Honore ton père. »

Mais il ne le dit pas; il ne peut le dire. Pour être fidèle à sa conscience sortie du moule romain, il se répand en amertume contre le temps présent, et sinon par des paroles ouvertes, du moins par d'habiles insinuations, il jette le blâme sur la famille dont le chef professe les doctrines de ce siècle. Moi, père et démocrate, quel recours ai-je contre un tel attentat porté au respect, à l'amour filial? Que puis-je contre une si grave atteinte à mes principes sociaux et politiques?

Les catholiques, les protestants et les israélites prêchent librement leurs croyances antérieures à 89 ; ils se livrent à la propagande, ont des temples ; et nous, les seuls déshérités, n'avons pas un toit pour couvrir nos têtes, et ne pouvons protester contre les attaques de nos ennemis par un enseignement régulier et suivi. Pour être les premiers chrétiens, il ne nous manque que les catacombes. La légitimité, punie, reniée, chassée par nous qui avons inscrit vos victoires sur tous nos monuments, tient ses conciliabules à la face du pays ; elle complote contre notre sécurité ; elle mine sourdement nos institutions, fruits du droit et de la raison, et nous sommes condamnés à les contempler avec indifférence et bouche close.

Ce n'est pourtant pas assez.

Lorsque Pie IX lance un manifeste où il nous condamne sans retour, la plume atrabilaire de M. Dupanloup, homme vaniteux et médiocre, mais le plus verbeux des prélats de la France, nous adresse directement l'injure et se plaît à outrager notre foi. Si, au nom de notre religion, la Démocratie, nous demandions la réparation qui nous est due, je ne crois pas qu'un seul tribunal voulût entendre notre cause. M. Dupanloup est un salarié de l'État, de l'État qui a proclamé la Révolution inspiratrice de ses actes ; moi, comme l'État, je reste fidèle à l'esprit de mon pays ; mais simple contribuable, je soudoie mon ennemi, et paye, sans compensation aucune, les frais de la guerre qui m'est faite.

Voilà, Sire, l'anomalie aux mille faces qui nous accable, et doit infailliblement produire l'affaissement du sens moral.

L'évêque d'Orléans, plus ardent qu'habile polémiste, quoi qu'en aient ses quelques admirateurs, nous dira sans doute que nous n'avons pas renoncé au ministère des prêtres aussi complétement que nous le prétendons ; que nos familles y recourent lorsque l'un de nous passe au monde invisible ; et que notre ingratitude plaide contre nous. Mais que nous enseigne l'expérience de chaque jour ? C'est que l'Eglise guette d'un œil avide le lit sur lequel la mort étend ses ailes sombres, et qu'elle est jalouse de prouver sa présence parmi nous. Que nous importe ! Nous semons la force et la vie ; qu'elle récolte des cadavres !

Sire, je n'ai reçu aucun mandat ; j'ai été guidé par ma conscience ; je parle en mon nom seul, sans engager mes frères en la Démocratie. Mais la pureté de mon intention me rassure ; et par avance je suis convaincu qu'ils approuveront l'esprit qui a dicté ces pages. Car eux-mêmes, que veulent-ils ? — La liberté. Or, vous, Sire, vous qui êtes le Chef suprême de l'État ; vous qui avez en vos mains toutes les forces de la France, donnez la liberté. Vous qui êtes un puissant principe fait homme, émanant directement de l'homme qui est son roi à lui-même, donnez la liberté. Vous qui gouvernez une nation sur qui le monde entier porte ses regards, et qui attend d'elle le signal des grandes choses, donnez, Sire, donnez la liberté.

Alors je puis vous dire au nom de la Démocratie, à qui j'ai voué un éternel amour, SALUT ET FRATERNITÉ !

FIN.

1927 — Paris, imprimerie Jouaust, rue Saint-Honoré, 338.